A ME PIACE DIRE LA VERITÀ

Shelley Admont
Immagini a cura di Sonal Goyal e Sumit Sakhuja

First edition, 2015
Traduzione dall'inglese a cura di Lucrezia Bertolino

Library and Archives Canada Cataloguing

I Love to Tell the Truth (Italian Edition)/ Shelley Admont

ISBN: 978-1-77268-150-5 paperback
ISBN: 978-1-77268-149-9 eBook

Per quelli che amo di pi -S.A.

Era una bellissima giornata d'estate. Il sole splendeva nel cielo. Gli uccellini cinguettavano. Le api e le farfalle svolazzavano tra i fiori colorati.

Il coniglietto Jimmy stava giocando a palla in giardino con i suoi due fratelli più gradi. La loro mamma stava innaffiando le sue margherite preferite.

"Attenti a non avvicinarvi ai miei fiori, bambini" disse la mamma.

"Certo mamma" gridò Jimmy.

"Non toccherò le tue margherite, mamma" aggiunse il fratello di mezzo.

"Non preoccuparti, mamma" disse il fratello maggiore. "Le tue margherite sono al sicuro con noi".

La mamma rientrò in casa, mentre i fratelli continuarono a giocare fuori, lanciandosi la palla tra loro.

"Ehi, facciamo un altro gioco adesso" disse il fratello maggiore, facendo roteare la palla.

"Che gioco?" chiese Jimmy.

Il fratello maggiore ci pensò per un secondo.

"Lanciamo la palla in aria e vediamo chi la prende per primo" disse.

"Mi piace!" disse Jimmy allegramente.

"Cominciamo" strillò il mezzano. "Lancia la palla adesso".

Il fratello maggiore lanciò la palla in aria più forte che poteva.

Tutti i coniglietti alzarono la testa e osservarono a bocca aperta la grande palla arancione volare velocemente su nel cielo. Presto iniziò a scendere di nuovo verso terra.

I fratellini aspettarono impazienti allungando le loro mani.

Proprio prima che la palla toccasse il suolo, i due fratelli più grandi corsero a prenderla.
In un attimo, Jimmy balzò in avanti e raggiunse la palla prima di loro. "Urrà! Ho vinto!"
Fece dei salti di gioia e si mise a correre eccitato per tutto il giardino.

Improvvisamente, inciampò in una piccola roccia e finì lungo disteso per terra... proprio nel bel mezzo del cespuglio di margherite preferite della mamma.

"Ahia!" urlò Jimmy, alzando la testa dal terriccio bagnato.

Suo fratello maggiore gli corse incontro e lo aiutò a rimettersi in piedi. "Jimmy, ti sei fatto male?" gli chiese.

"No... Credo... di stare bene" disse Jimmy.

"È perchè le margherite sono così soffici che hanno attutito la tua caduta" spiegò suo fratello maggiore.

I tre coniglietti guardarono tristi i fiori preferiti della loro mamma, che erano ormai tutti schiacciati. Alcuni si erano anche spezzati.

"Alla mamma questo proprio non piacerà" mormorò silenziosamente il fratello maggiore.

"Sicuramente" concordò il fratello di mezzo.

"Per favore, vi prego, non dite alla mamma che sono stato io. Vi preeeeego..." implorò Jimmy, allontanandosi lentamente dalle margherite rovinate.

In quel momento, la mamma uscì correndo di casa. "Bambini, cos'è successo? Ho appena sentito qualcuno gridare. State tutti bene?"
"Noi sì, mamma" disse il fratello maggiore. "Ma i tuoi fiori..."
Fu solo in quel momento che la mamma notò l'aiuola distrutta. Sospirò. "Com'è successo?" chiese incredula.

"Sono stati gli alieni" rispose esitando Jimmy. "Sono venuti da.... là fuori..." disse indicando il cielo. "Sul serio, mamma".

La mamma alzò un sopracciglio e guardò Jimmy negli occhi. "Alieni?"

"Sì, e sono volati via con la loro astronave".

La mamma sospirò di nuovo. "Meno male che sono volati via," disse, "perchè è ora di cena. Non dimenticate di lavarvi le mani. E tu, Jimmy..."

"Sì, mamma" disse Jimmy.
"Và a lavarti anche la
faccia" aggiunse.

A cena, Jimmy era molto silenzioso. Si sentiva strano. Non riusciva a mangiare e non riusciva a bere. Non volle nemmeno assaggiare un pezzetto della sua torta di carote preferita.

Durante la notte, Jimmy non riuscì a dormire. Qualcosa non andava. Alzandosi, si avvicinò al letto di suo fratello maggiore.

"Hey, stai dormendo?" sussurrò.

"Jimmy, che succede?" borbottò suo fratello maggiore, aprendo pian piano gli occhietti addormentati. "Torna nel tuo letto".

"Non riesco a dormire. Continuo a pensare ai fiori di mamma" disse piano Jimmy. "Avrei dovuto fare più attenzione con loro".

"Oh, ma è stato un incidente" disse il fratello più grande. "Non ti preoccupare. Torna a dormire!"

"Però non avrei dovuto mentire alla mamma" disse Jimmy, rimanendo ancora lì.

Suo fratello maggiore si mise a sedere sul letto. "Sì" concordò "Avresti dovuto dirle la verità".

"Lo so" disse Jimmy, stringendosi nelle spalle. "E ora che faccio?"

"Per adesso, vai a dormire. E poi, domani mattina, dirai a mamma la verità. D'accordo?"

"OK" disse Jimmy e si trascinò lentamente a letto.

Il mattino dopo, si svegliò molto presto, saltò fuori dal letto e si affrettò a cercare la sua mamma. La trovò in giardino.

"Mamma" chiamò Jimmy. "Sono stato io e rovinare i tuoi fiori, non gli alieni." Le corse incontro e la abbracciò.

La mamma ricambiò il suo abbraccio e rispose "Sono così contenta che tu mi abbia detto la verità. So che non è stato facile, ma sono davvero fiera di te, Jimmy".

"Per favore, non essere triste per i fiori. Penseremo a qualcosa" disse Jimmy.

La mamma scosse la testa. "Non ero preoccupata per i fiori. Ero triste perchè mi stavi tenendo nascosta la verità".

"Mi dispiace, mamma" disse Jimmy. "Anch'io ero triste. Non dirò più bugie".

Dopo colazione, Jimmy ed il suo papà andarono insieme al vivaio della città. Comprarono alcuni semi di margherita e tutta la famiglia aiutò la mamma a piantarli. Jimmy ha imparato che dire la verità è ciò che rende lui e la sua famiglia felici. Ecco perché, da quel giorno in poi, dice sempre la verità.

ALTRI SPLENDIDI LIBRI A CURA DI SHELLEY ADMONT

www.sachildrensbooks.com

42116642R00021

Made in the USA
Middletown, DE
01 April 2017